Isolde Schmitt-Menzel

Frech-Verlag Stuttgart

Auflage: 5. 4.
Jahr: 1995 94 93 92 | Letzte Zahlen maßgebend

frech-verlag

ISBN 3-7724-1462-1 · Best.-Nr, 1462 GmbH + Co. Druck KG Stuttgart · Druck: Frech, Stuttgart 31

Zur Technik des Zusammenklebens

Die kleineren Fensterbilder werden doppelseitig gearbeitet. Sie sind also von beiden Seiten zu betrachten und können sich auch – mit etwas Abstand vor dem Fenster aufgehängt – durch Windzug drehen. Schneiden Sie in diesem Falle die Teile, wie auf dem Vorlagenbogen angegeben, zweimal aus. Die großflächigen Fensterbild-Motive mit Umfeld sind so angelegt, daß man sie nur von einer Seite betrachten kann.

Gestaltung der Augen

Hier eine kleine Anregung wie die Augen der Maus besonders plastisch und ausdrucksvoll wirken:
Kleben Sie die Pupille auf das Augenweiß und beides zusammen auf das Mausgesicht. Das Augenlid (in seiner Form etwas größer als die obere Hälfte des Augenweiß) wird ein wenig über die Pupille gezogen aufgeklebt. Umranden Sie Auge und Lid mit einem dünnen, schwarzen Filzstift. Somit entsteht die plastische Wirkung.

Und so wird es gemacht:

Mit Blaupapier können Sie das Motiv mit einem Stift direkt vom Vorlagenbogen auf Tonkarton, Tonpapier, weißes Papier oder Zeichenkarton übertragen.
Es geht aber auch mit transparentem Papier: Legen Sie es auf den Vorlagenbogen und pausen Sie die Teile des Motives ab. Sie schneiden dann das Gezeichnete aus und übertragen alles auf das Bastelpapier.
Schneiden Sie große Formen am besten mit einer großen, scharfen Schere aus. Arbeiten Sie bei kleinen Teilen mit einer kleinen, gebogenen Schere.

Aufhängen

Zum Aufhängen der Fensterbilder wählen Sie am besten einen auf das Motiv farblich abgestimmten Zwirn, Sie fädeln ihn durch eine starke Näh- oder Stopfnadel, stechen in das Papier und ziehen ihn durch. Knoten Sie die Enden zusammen und verstärken Sie die Einstichstelle von hinten mit etwas Klebestreifen oder Pappe.

Das brauchen Sie an Material:

Tonkarton, Tonpapier,
Zeichenkarton, Schreibmaschinenpapier,
eine mittelgroße, spitze und eine kleine, gebogene Schere (z.B. Nagelschere),
Nähgarn, dünne Schnur, Perlgarn oder Wolle zum Aufhängen,
eine Stopfnadel zum Durchstechen der kleinen Löcher für die Aufhängeschnur,
Radiergummi, einen weichen Bleistift,
rote und schwarze Filzstifte,
UHU extra für kleine, UHU flinke flasche für große Flächen,
Blau- oder Transparentpapier.

Maus mit Schaukel

Material:
<u>Tonkarton:</u> Dunkelbraun, Schwarz, Orange, Blau, Weiß
<u>Seil:</u> gedreht
<u>Zwirn:</u> für die Aufhängung an der Schaukel

Dieses Fensterbild ist von beiden Seiten zu betrachten. Auge, Nasenspitze, Mauskörper und Schaukel werden daher doppelt ausgeschnitten.

Barthaare und Schwanz in Schwarz, Beine und Öhrchen in Dunkelbraun werden zwischen die beiden orangefarbenen Körperteile geschoben und mit ihnen verklebt. Die anschließend aufgeklebten Pfötchen (Vorderansicht) halten das Schaukelseil, das zwischen Armen und Pfoten verläuft.

Kleben Sie beidseitig das Augenweiß mit der Pupille auf und das orangefarbene Augenlid etwas darüber. Auch die schwarze Nasenspitze wird beidseitig aufgeklebt. Umranden Sie das Auge mit dem dünnen schwarzen Filzstift und zeichnen Sie Krallen und Mause-Mund mit dem etwas dickeren schwarzen Filzstift ein, alles beidseitig.

Die Schaukelschnur wird zwischen die unteren doppelt angefertigten, blauen Schaukelteile geklebt und verknotet. Die Füße der Maus hängen freischwebend vor dem Brett. Am oberen Schaukelteil wird die Schnur an den zwei schwarzen Karton-Ösen befestigt, die zwischen das doppelt gearbeitete Schaukelteil geklebt sind.

Nehmen Sie etwas Zwirn, um die schaukelnde Maus aufzuhängen.

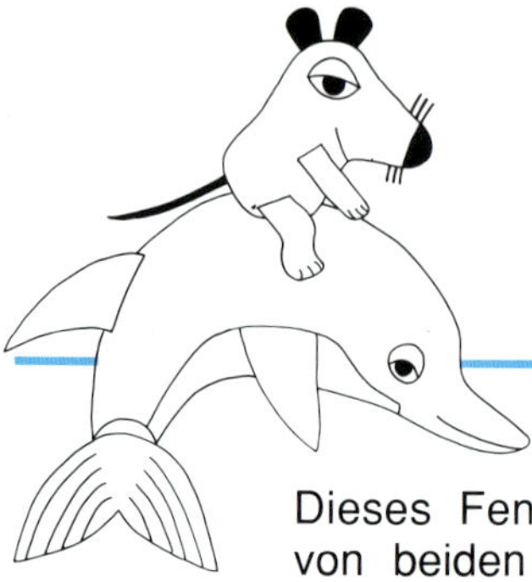

Maus auf Delphin

Material:
Tonkarton: Orange, Schwarz, Graublau, Mittelblau, Dunkelbraun
Zeichenkarton: Weiß
Schreibmaschinenpapier: Weiß
Schnur: für die Aufhängung am Delphinrücken

Dieses Fensterbild ist von beiden Seiten zu zu betrachten. Schneiden Sie für die Maus aus orangefarbenem Tonkarton zweimal den Körper und das Augenlid, das Augenweiß aus Zeichenkarton. Aus schwarzem Tonkarton entsteht zweimal die Pupille und die Nasenspitze, einmal Barthaare und Schwanz. Die beiden braunen Tonkarton-Öhrchen müssen nicht doppelt gearbeitet werden, dafür jedoch Arm und Bein. Achten Sie bei den Armteilen darauf, daß beim Zusammenkleben die Ränder gleichmäßig abschließen.

Ohren, Schwanz und Barthaare werden von den beiden Maus-Körperteilen gehalten, ebenso der Delphinrücken aus graublauem Tonkarton. Anstelle des doppelt zu arbeitenden weißen Bauchstreifens aus Schreibmaschinenpapier können Sie auch mit silberfarbenem Tonpapier arbeiten. Auch Flossen und Schwanz (beides mittelblauer Tonkarton) sowie das Auge sitzen auf beiden Delphinseiten. Die Delphin-Augen werden nach dem Prinzip der Maus-Augen geklebt, verwenden Sie aber für das Augenlid mittelblauen Tonkarton.

Zeichnen Sie mit dem dickeren schwarzen Filzstift die Linien für Mause-Mund und Krallen, beim Delphin die Linien für Maul und Schwanzflosse, mit dem dünneren schwarzen Filzstift die Augenumrandungen der Maus.

Hängen Sie den Delphin am Rücken mit zwei Schnüren auf.

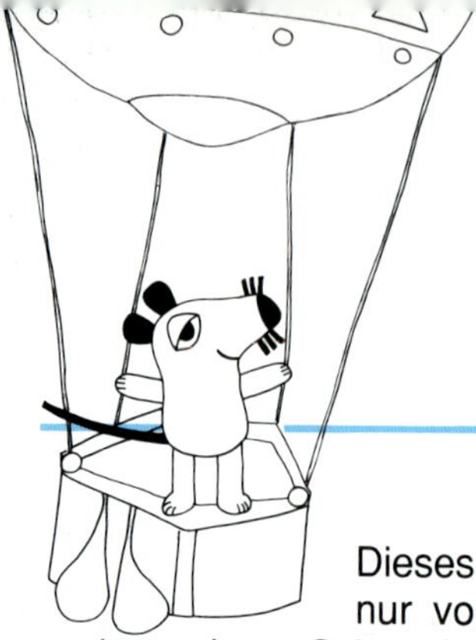

Maus mit Fesselballon

Dieses Fensterbild ist nur von einer Seite zu betrachten. Schneiden Sie den Ballon aus weißem Zeichenkarton aus. Anschließend werden Farbstreifen und Punkte sowie das Rautenmuster, alles aus rosa, violettem und mittelblauem Tonpapier, aufgeklebt. Das Rautenmuster entsteht durch aneinandergereihte Dreiecke.

Der blaue Ballonkorb aus Tonkarton wirkt durch die mittelblauen Tonpapier-Streifen räumlich. Aus grauem Tonpapier werden die beiden Sandsäcke geschnitten.

Arme, Beine und Ohren aus braunem Tonpapier sowie der Schwanz und die dünnen Barthaare aus schwarzem Tonkarton werden hinter den orangefarbenen Mauskörper aus Tonkarton geklebt. Weiter geht es mit der Nasenspitze und dem Maus-Auge.

Material:
Tonkarton: Blau, Orange, Schwarz, Weiß
Tonpapier: Rosa, Violett, Mittelblau, Grau, Dunkelbraun
Zeichenkarton: Weiß
Wolle: Blau
Zwirn: für die Aufhängung am Ballon

Zeichnen Sie die Krallen und den Mause-Mund mit dem dickeren schwarzen Filzstift und umranden mit dem dünneren das Auge.

Befestigen Sie die dicken, blauen Schnüre aus Wolle, die Korb und Ballon verbinden, mit kleinen Tonkarton-Stücken auf bzw. hinter dem Tonpapier.

Hängen Sie Ihr Bild mit Zwirn an die Wand oder an das Fenster.

Maus mit Mäusehaus

Dieses Bild ist nur von einer Seite zu betrachten. Schneiden Sie aus Tonkarton das gelbe Dach und die Türklinken, die hellbraune Hauswand und den Schornstein, die blaue Haustür und die Fenster-Grundformen, den dunkelbraunen Baumstamm, die seitlich sitzenden mittelbraunen Ausläufer des Daches und die senkrecht verlaufenden Konturlinien rechts und links der Haustür, die grüne Fläche für das Blattwerk des Baumes, die Blumenblätter und -stiele, die roten Äpfel, aus Hellgrau die Rauchwolke.

Der Mauskörper und das Augenlid werden aus orangefarbenem Tonkarton, Nasenspitze, Schwanz und Pupille werden aus schwarzem Tonkarton geschnitten. Das Augenweiß ist aus einem weißen Tonkartonrest.

Schneiden Sie aus dunkelbraunem Tonpapier Arme, Beine und Ohren, aus mittelbraunem die Blumen, aus weißem die Blütenkerne. Aus hellblauem Tonpapier entstehen die Fensterscheiben.

Material:
Tonkarton: Dunkelbraun, Mittelbraun, Hellbraun, Gelb, Orange, Blau, Grün, Schwarz, Rot, Hellgrau, Weiß
Tonpapier: Hellblau, Dunkelbraun, Mittelbraun, Weiß
Zwirn: für die Aufhängung

Die Mausohren, -beine und der Schwanz werden hinter den Körper geklebt.

Es erleichtert die Arbeit, wenn Sie die Blumenköpfe auf einmal ausschneiden. Legen Sie dafür drei Schichten Tonpapier übereinander und kleben dann die Punkte in die Blütenmitte.

Barthaare, Mause-Mund, Augenumrandung und Krallen werden mit Filzstift gezeichnet, ebenso der Rauch auf dem grauen Tonkarton, die Andeutung von Perspektive im Schornstein sowie die Äpfel mit Stiel und Punkt.

Die Fäden zur Aufhängung um die seitlichen Ausläufer des Daches hängen und auf der Rückseite hinterkleben.

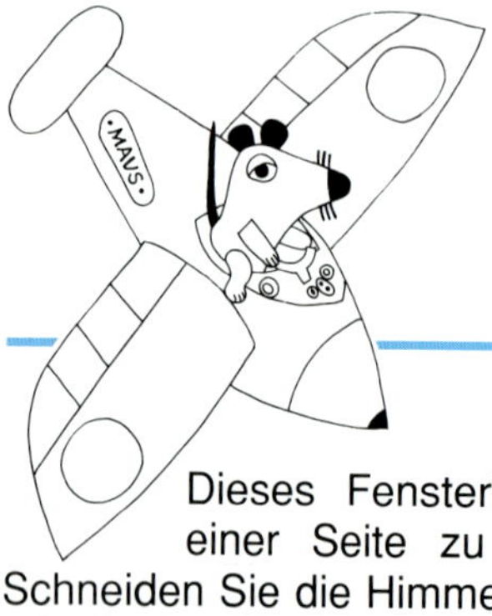

Maus im Flugzeug

Material:
Tonkarton: Orange, Schwarz, Mittelblau, Graublau
Tonpapier: Gelb, Dunkelbraun
Zeichenkarton: Weiß
Zwirn: für die Aufhängung an der Wolke

Dieses Fensterbild ist von einer Seite zu betrachten. Schneiden Sie die Himmelsfläche aus mittelblauem Tonkarton aus, anschließend die weiße Grundfläche für das Flugzeug aus weißem Zeichenkarton.

Gestalten Sie das Flugzeug mit dem gelben Tonpapier und kleben Sie das graublaue Tonkarton-Cockpit darauf. Stellen Sie die Instrumente und das Steuer mit weißen Zeichenkarton- und schwarzen Tonkartonteilen dar und kleben dann den weißen Stern auf die Himmelsfläche.

Schneiden Sie die schwarzen, dunkelbraunen und orangefarbenen Teile für die Maus aus und kleben Sie Ohren, Schwanz und rechten Arm unter den Körper, darüber den linken Arm, das Bein, Augenteile und die Nasenspitze.

Zeichnen Sie mit dickerem Filzstift Barthaare, Krallen und Mause-Mund. Gestalten Sie dann auch Tragflächen und Flugzeugnase.

Umranden Sie anschließend das Auge mit dünnem Filzstift. Schreiben Sie die Kennung: MAUS.

MAUS

Maus fährt Fahrrad

Schneiden Sie aus rotbraunem Tonkarton die Straße und kleben Sie rechts und links die Baumstämme aus dunkelbraunem Tonkarton auf. Die hellgelbe und lindgrüne Fläche für die Bäume ist aus Tonpapier. Äste und Blattwerk werden aus Tonkarton geschnitten und aufgeklebt. Dabei werden die Äste hinter die Stämme, die Blätter auf die Äste geklebt.

Schneiden Sie die Sonne mit ihren Strahlen aus gelbem, ihre Pupillen aus schwarzem Tonkarton, das Augenweiß aus Zeichenkarton.

Das Fahrrad ist aus blauem, der Hut aus rotem Tonkarton, mit hellblauem Hutband gleichen Materials, die Verkleidung der Kette. Das Licht der Lampe und der Sattel sind aus gelbem Tonkarton, Mauskörper und Augenlid aus orangefarbenem, Pedale, Radnaben, Pupille, Schwanz und Nasenspitze aus schwarzem Tonkarton. Öhrchen, Arme und Beine werden aus Tonpapier geschnitten, das Augenweiß ist aus Zeichenkarton.

Material:
Tonkarton: Rotbraun, Dunkelbraun, Gelb, Orange, Rot, Schwarz, Blau, Hellblau
Tonpapier: Dunkelbraun, Lindgrün, Hellgelb
Zeichenkarton: Weiß
Zwirn: für die Aufhängung an den Baumkronen

Kleben Sie die Beine hinter den Körper, eines vor, eines hinter die Radstange. Ein Arm wird auf, der andere hinter den Körper geklebt. Öhrchen und Schwanz sitzen hinter dem Mauskörper, die Schwanzspitze vor dem Baumstamm.

Die Sonne klebt hinter der Straße und dem linken Baum, ihre Strahlen hinter ihrem „Gesicht". Zeichnen Sie mit schwarzem Filzstift den Mund von Maus und Sonne, Fahrradspeichen, Kreis um vorderes Pedal, hintere Radnabe, Barthaare, Krallen und Hutinneres.

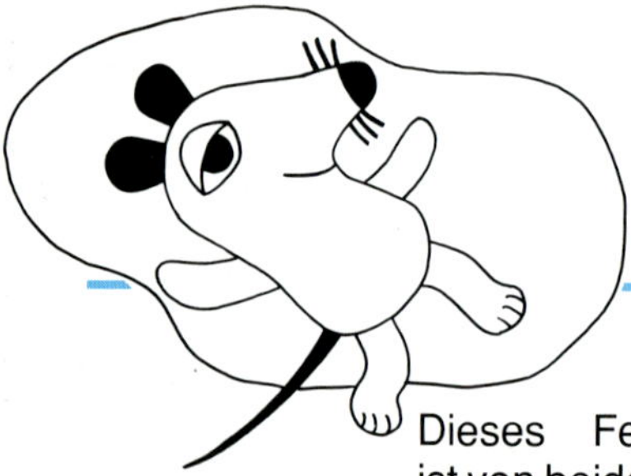

Maus auf Wolken

Dieses Fensterbild ist von beiden Seiten zu betrachten, schneiden Sie daher alles bis auf die Sonnenstrahlen zweimal aus.

Kleben Sie die beiden Mäuse auf die Tonpapier-Wolke – eine vorn, eine hinten. Dabei liegen Arme, Beine und Öhrchen (alles aus dunkelbraunem Tonpapier ausgeschnitten) sowie Schwanz und Barthaare (schwarzer Tonkarton) zwischen Wolke und Mauskörper. Der über die Wolke hängende Schwanz und das eine Bein müssen von beiden Seiten sauber übereinandergeklebt werden.

Kleben Sie die weißen Tonkarton-Augen, Pupille und Lid auf und umranden Sie sie mit dem dünneren schwarzen Filzstift. Zeichnen Sie Mause-Mund und Krallen mit dem dickeren Filzstift; bei der Sonne aus gelbem Tonkarton den lachenden Mund, die Pupillen und die Nase. Die Sonnenstrahlen kleben Sie zwischen die beiden Sonnenkreise.

Material:
Tonkarton: Gelb, Orange, Schwarz, Weiß
Tonpapier: Dunkelbraun, Hellgrau, Hellblau
Zwirn: für die Aufhängung an der großen Wolke

Die beiden kleineren Wolken drehen sich, daher bietet es sich auch an, sie zweifarbig zu gestalten: eine Seite mit hellblauem, die andere mit hellgrauem Tonpapier.

Befestigen Sie zum Schluß die beiden kleinen Wolken und die Sonne an der großen Wolke mit weißem Zwirn. Nun können Sie das Mobile aufhängen.

Maus läuft Ski

Dieses Fensterbild ist von einer Seite zu betrachten. Schneiden Sie die Gesamtfläche aus dem kräftigblauen Tonkarton. Das weiße Tonpapier wird zur Schneefläche. Nach der Gestaltung der beiden Berge rechts, aus grau- und hellblauem Tonpapier, die Schneeflöckchen aus weißem Tonpapier aufkleben. Bäume aus grünem Tonkarton schneiden, Bäumstämme aus hell- und mittelbraunem Tonpapier darüberkleben. Der Sonnenball ist aus gelbem Tonkarton; die Strahlen aus hellem Gelb werden daruntergeklebt.

Mauskörper und Augenlid aus orangefarbenem, Nasenspitze, Pupille und Schwanz aus schwarzem, Augenweiß aus weißem Tonkarton schneiden.

Die Arme entstehen aus dunkelbraunem Tonpapier. Mütze und Schal sind aus rosa Tonpapier geschnitten, violette Streifen darübergeklebt. Aus dem selben violetten Tonpapier entsteht die Hose. Schal-Vorderteil, Skistockteller und Innenkreis der Mützenquaste sind aus rotem, Skistöcke aus grünem Tonkarton. Skier und Skispur aus gleichem Graublau schneiden wie Berg im Mittelgrund. Die Skischuhe sind aus blauem Tonkarton.

Material:
Tonkarton: kräftiges Blau, Orange, Rot, Schwarz, Gelb, Hellgelb, Grün, Weiß
Tonpapier: Rosa, Violett, Graublau, Hellblau, Hellbraun, Mittelbraun, Dunkelbraun, gebrochenes Weiß
Zwirn: für die Aufhängung am höchsten Gipfel

Klebefolge für die Maus beachten: rechter Arm und Schwanz, Körper, Nasenspitze, Augenweiß, Pupille, Augenlid, Mütze, Mützen-Streifen, linker Arm, Schal, roter und violetter Schalbesatz.

Mit dünnem schwarzem Filzstift das Auge umranden, mit dickerem Filzstift die Barthaare, Mause-Mund und Krallen zeichnen.

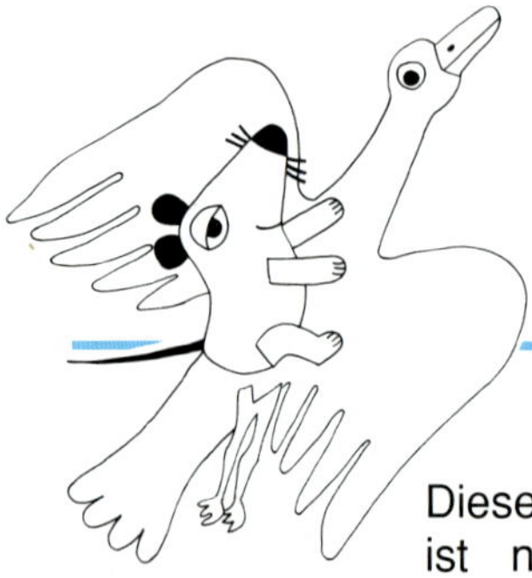

Maus fliegt auf Vogel

Material:
Tonkarton: _Orange, Rot, Schwarz, Rosa, Dunkelbraun_
Tonpapier: _Hellblau_
Zeichenkarton: _Weiß_
Zwirn: _für die Aufhängung an den Wolken_

Dieses Fensterbild ist nur von einer Seite zu betrachten. Schneiden Sie die Wolken aus rosa Tonkarton, aus rotem die Vogelbeine mit Krallen und den Vogelschnabel. Die Grundform des Vogels mit Schnabel und Beinen ist aus weißem Zeichenkarton. Die beiden roten Schnabelhälften und die Beine werden anschließend aufgeklebt.

Schneiden Sie den Körper und das Augenlid der Maus aus orangefarbenem Tonkarton, die Pupillen von Vogel und Maus, die Nasenspitze der Maus und ihren Schwanz aus schwarzem Tonkarton, ihr Augenweiß aus Zeichenkarton. Die Arme, das Bein und die Mausöhrchen sind aus braunem Tonkarton.

Der rechte Arm, die Ohren und der Schwanz werden unter den Mauskörper geklebt. Die Pupille des Vogels ist mit einem kleinen hellblauen Tonpapierkreis unterlegt.

Zeichnen Sie die Augenumrandung von Vogel und Maus mit dünnem schwarzem Filzstift, Barthaare, Mause-Mund, Krallen und Punkt auf dem oberen Schnabelteil des Vogels mit dickerem schwarzem Filzstift.

Die Wolken überschneiden sich, der obere Vogelflügel klebt auf beiden Wolken.

Maus fährt Auto

Dieses Fensterbild ist nur von einer Seite zu betrachten. Schneiden Sie aus den Tonkarton-Brauntönen Straße, Baumstämme, Blätter und Baumkronen.

Die Grundform des Autos wird zunächst aus gelbem Tonkarton geschnitten, anschließend mit den Autodetails und der Maus dekoriert. Kleben Sie aus hellblauem Tonpapier die Scheiben, aus kräftigblauem Tonkarton Lenkrad und Reifen, dann aus rotem Tonkarton Dach, Tür, Trittbrett und Kotflügel.

Schneiden Sie aus dem orangefarbenen Tonkarton das Augenlid und den Mauskörper, kleben Sie aber erst die Mausohren und den rechten Arm der Maus aus dunkelbraunem Tonpapier darunter, dann die linke Pfote auf den Körper.

Kleben Sie das Augenweiß (weißer Zeichenkarton) auf, dann aus schwarzem Tonkarton Pupille, Schwanz, Nasenspitze, Türgriff und den Kreis des Klappverdeckes.

Material:
Tonkarton: Gelb, Rot, Orange, kräftiges Blau, Schwarz, verschiedene Brauntöne
Tonpapier: Dunkelbraun, Violettblau, Hellblau, Rosa, wäßriges Grün
Zeichenkarton: Weiß
Zwirn: für die Aufhängung an den äußeren Bäumen

Das wäßrig-grüne Tonpapier wird zum Kühler, zu den Lichtern und zur Halterung des Ersatzreifens. In Violettblau werden die Reifen und das Scharnier des Klappverdeckes dekoriert. Zwei rosa Tonpapierdreiecke werden unter den schwarzen Reifenmittelpunkt aus Tonkarton geklebt.

Teile des Fahrzeuges wie auch der Grill des Kühlers werden mit einem mittelstarken schwarzen Filzstift hervorgehoben. Zeichnen Sie dann die Barthaare, Krallen und den Mause-Mund. Hängen Sie das Bild an den äußeren Bäumen auf.

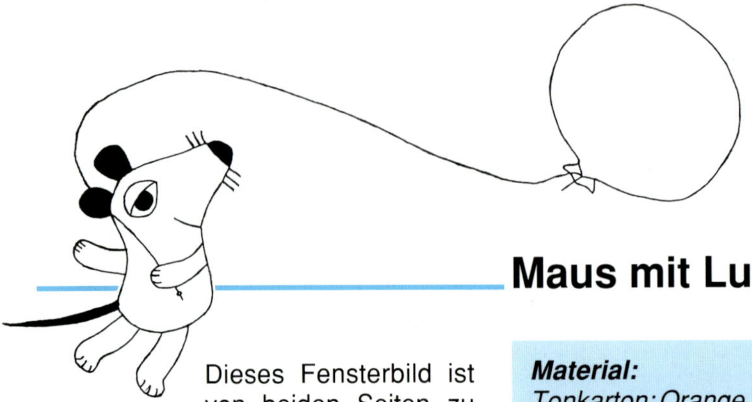

Maus mit Luftballon

Dieses Fensterbild ist von beiden Seiten zu betrachten. Schneiden Sie die Arme und Ohren zweimal aus braunem Tonpapier, die Beine aus braunem, Barthaare und den Schwanz aus schwarzem Tonkarton einmal aus. Nasenspitze, Pupille, Augenlid und Augenweiß werden zweimal ausgeschnitten und aufgeklebt.

Ohren, Beine, Schwanz, Barthaare und linken Arm zwischen die beiden orangefarbenen Körperhälften kleben.

Der Ballon ist aus rosa Tonkarton. Verknoten Sie die Schnur am Luftballonhals und lassen die Schnurenden lang herunterhängen.

Der Arm auf dem Bauch hält ein Ende der Luftballonschnur – sie wird darunter geklebt und verläuft über das Ohr zum Luftballon. Kleben Sie die Schnur zwischen das doppelt gearbeitete Ohr. Zeichnen Sie aber anschließend ihren Verlauf mit schwarzem Filzstift darüber. Auch auf der Rückseite wird dieser Schnurverlauf mit Filzstift nachgezeichnet.

Das zweite Ende der Luftballonschnur wird zwischen die beiden aufeinandergeklebten Tonpapier-Arme geklebt.

Dieses Fensterbild wird am oberen Rand des Ballons aufgehängt.

Material:
Tonkarton: Orange, Schwarz, Weiß, Rosa
Tonpapier: Dunkelbraun
Schnur: Schwarz
Zwirn: für die Aufhängung am Ballon

Maus in Hängematte

Dieses Fensterbild ist nur von einer Seite zu betrachten. Fangen Sie an mit der hellgelben Rasenfläche aus Tonkarton und bekleben Sie diese mit den Blumen aus apricotfarbenem und violettem Tonpapier. Stiele und Blätter entstehen aus grünem Tonkarton. Schneiden Sie aus dunkelbraunem Tonkarton die Baumstämme und kleben Sie die hellgrünen Baumkronen aus gleichem Material darunter.

Kleben Sie die Mausteile so auf die zitronengelbe Tonkarton-Hängematte, daß Ohren, Barthaare, Beine und Schwanz unter dem Mauskörper sitzen. Ohren, Arme und Beine sind aus dunkelbraunem Tonpapier, der Schwanz, die Barthaare und die Nasenspitze sowie die Pupille aus schwarzem Tonkarton. Kleben Sie die Nasenspitze und die Teile für das Auge auf. Umranden Sie das Auge mit dünnem Filzstift und zeichnen Sie Mause-Mund und Krallen mit dem dickeren schwarzen Filzstift. Die zitronengelben Äpfel aus Tonkarton werden mit rotem und schwarzem Filzstift gestaltet.

Die Leine, die die Hängematte hält, wird mit hellgelbem Tonkarton dargestellt.

Material:
Tonkarton: Zitronengelb, Hellgelb, Orange, Grün, Schwarz, Hellgrün, Dunkelbraun
Tonpapier: Dunkelbraun, Violett, Apricot
Zeichenkarton: Weiß
Zwirn: für die Aufhängung an den Baumkronen

Maus auf Segelboot

> ***Material:***
> *Tonkarton: kräftiges Blau, Gelb, Orange, Grün, Schwarz*
> *Tonpapier: Rosa, Violett, Hellgrün, Hellblau, Dunkelbraun*
> *Zeichenkarton: Weiß*
> *Für Konturen: dünner und mittelstarker schwarzer Filzstift, roter Filzstift*
> *Zwirn: für die Aufhängung am Mast*

Dieses Fensterbild ist von einer Seite zu betrachten. Schneiden Sie aus dem gelben Tonkarton den Bootsrumpf und die Kennung auf dem Segel, aus grünem Tonkarton Mast und Streifen auf dem Bootsrumpf. Die Mastspitze wird mit einem weißen Zeichenkartonstreifen dargestellt, das Fähnchen aus rosa Tonpapier daraufgeklebt.

Beide Segel wie auch die Verbindungen zum Rumpf und Mast werden aus weißem Zeichenkarton geschnitten, anschließend mit hellgrünem Tonpapier beklebt. Achten Sie darauf, daß die Seile weiß stehenbleiben.

Der Maus-Körper wird aus orangefarbenem Tonkarton geschnitten, ebenso Augenlid und Namensschild des Bootes. Aus dem dunkelbraunen Tonpapier werden Ohren, Arme und Beine geschnitten. Kleben Sie zunächst Ohren, rechten Arm, Beine und Schwanz aus schwarzem Tonkarton unter den Körper. Die violettfarbene Tüte unter den linken Arm kleben. Aus Zeichenkarton entsteht das Augenweiß, aus schwarzem Tonkarton Nasenspitze und Pupille. Das kräftig blaue Wasser wird als Gesamtfläche aus Tonkarton auf das Boot geklebt. Die Wellen werden mit hellblauem, die Fische mit rosa Tonpapier dargestellt.

Zeichnen Sie mit dem mittelstarken schwarzen Filzstift Barthaare, Mause-Mund, Krallen und Aufschrift der Schilder. Mit dem dünneren Filzstift werden die Augen umrandet, Fische und Futtertüte gestaltet und mit dem roten Filzstift das Futter angedeutet.

MS11
MAUS

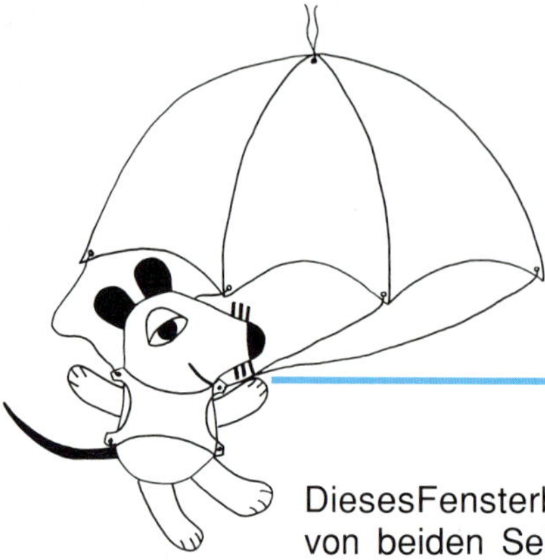

Maus mit Fallschirm

Dieses Fensterbild ist von beiden Seiten zu betrachten. Schneiden Sie deshalb den orangefarbenen Maus-Körper zweimal aus. Ohren, Barthaare, Arme, Beine und Schwanz werden dazwischengeklebt. Kleben Sie die Teile für die Augen und die Nasenspitze beidseitig auf, ebenso den gelben Anzug.

Mit dünnem schwarzem Filzstift werden die Augen umrandet, mit dem dickeren Filzstift Mause-Mund, Krallen und die vier Punkte auf dem gelben Anzug gezeichnet.

Material:
Tonkarton: Orange, Schwarz, Weiß, Gelb, Rot, Dunkelbraun
Schnüre: Rot

Schneiden Sie den Schirm aus rotem Tonkarton und dekorieren ihn in der Mitte beidseitig mit Gelb.

Stechen Sie mit der Stopfnadel Löcher in das obere Anzugende und die vier Fallschirmzipfel. Mit rotem Zwirn werden Maus und Fallschirm miteinander verknotet.

Hier kommt die Maus!

Titelseite

Material:
Tonkarton: Orange, Weiß, Schwarz, Rot, Dunkelbraun
Zwirn: Weiß (für die Aufhängung)

Dieses Fensterbild ist von beiden Seiten zu betrachten, daher werden die Arme, die das Schild halten, die Schilderteile, Augenteile, Nasenspitze und der Mauskörper zweimal ausgeschnitten.

Die beiden Mauskörperhälften halten Arme, Beine, Öhrchen, Schwanz und Barthaare. Die Arme halten die roten Leisten, die wiederum oben zwischen dem doppelt gearbeiteten Schild verlaufen. Die rote Einrahmung des Schildes wird aufgeklebt.

Nehmen Sie für die beidseitige Beschriftung des Schildes einen dicken schwarzen Filzstift und zeichnen Sie damit auch Krallen und Mause-Mund. Die Augen werden mit dem dünneren schwarzen Filzstift umrandet.

Befestigen Sie den Zwirn an den Leisten mit der Stopfnadel.

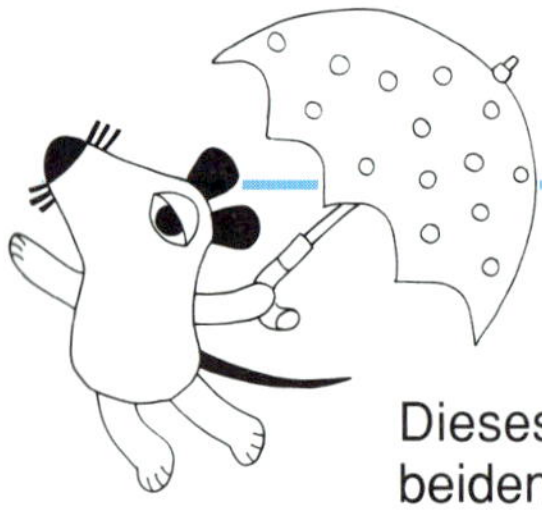

Maus mit Regenschirm

Umschlag-Rückseite

Material:
Tonkarton: Orange, Weiß, Schwarz, Dunkelbraun, Gelb, Grün
Zwirn: für die Aufhängung an der Schirmspitze

Dieses Motiv ist von beiden Seiten zu betrachten, deshalb werden der Mauskörper, das Auge, die Nasenspitze, der Schirm und der Arm, der den Schirm hält, zweimal ausgeschnitten.

Fangen Sie mit dem Schirm an. Der Stock klebt zwischen den beiden Schirmhälften. Sie können den Schirm mit grünen Punkten dekorieren oder mit verschiedenfarbigen Tonpapierstreifen (siehe Alternativ-Vorschlag auf dem Vorlagenbogen).

Kleben Sie den Schirmgriff zwischen den zweimal ausgeschnittenen Arm; den anderen Arm, die Öhrchen, Beine und Barthaare zwischen die beiden orangefarbenen Mauskörperhälften.

Umranden Sie die Augen mit dünnem schwarzem Filzstift und zeichnen Krallen, Mause-Mund, die Striche und den Ring auf dem Schirmgriff sowie den Punkt für die Schirmspitze mit dem dickeren schwarzen Filzstift.